AF232057

L4
h
183

4

Lh 183.

LETTRE

DE M. LE LIEUTENANT-GÉNERAL

COMTE DUPONT

A

M. LE COMTE D***.

LETTRE

DE M. LE LIEUTENANT-GÉNÉRAL

Comte DUPONT

A

M. LE COMTE D***.

PARIS.

IMPRIMERIE DE FIRMIN DIDOT,

IMPRIMEUR DU ROI, RUE JACOB, n° 24.

1826.

Paris, le 1er août 1826.

Monsieur le Comte,

Je viens vous entretenir de la mémorable campagne d'Autriche en 1805. Ses opérations n'ont pas été présentées dans quelques écrits avec l'exactitude que l'histoire exige, et je dois rétablir celles qui appartiennent aux troupes que j'ai commandées. Si les actions de la guerre peuvent être retracées avec plus de précision par les chefs qui les ont dirigées, c'est pour eux une obligation plus impérieuse de reproduire tout ce qui honore les corps placés sous leurs ordres, surtout lorsque nous voyons le trône apprécier tous les services et s'entourer de la gloire de tous les temps.

L'armée que Napoléon avait rassemblée dans les camps de Boulogne cesse tout-à-coup de menacer l'Angleterre d'une invasion. Le projet de cette grande expédition est abandonné dans les derniers jours du mois d'août 1805, et le théâtre de la guerre va être reporté en Allemagne. Une diversion puissante s'y opérait en faveur de la Grande-Bretagne. L'armée autrichienne est déjà en mouvement; elle envahit la Bavière et s'avance vers le Rhin, tandis qu'une armée russe presse sa marche pour la joindre.

Après avoir traversé la France et franchi le Rhin, l'armée se dirige sur le Danube par un mouvement qui porte sa droite devant Ulm et sa gauche à Donavert. Elle se trouve ainsi prête à ouvrir ses opérations offensives dans le cœur de l'Allemagne.

L'armée autrichienne, commandée par l'archiduc Ferdinand, et, sous lui, par le général Mack, occupait le cours du Danube; elle avait ses principales forces devant Ulm et des corps d'observation au-dessus et au-dessous de cette place. Cette disposition détermine les premières opérations de la campagne. Les combats de Donavert, de Gunsbourg et de Vertingen, sont livrés dans les premiers jours du mois d'octobre, et leur succès marque pour nous d'un brillant éclat le début des hostilités. L'importante opération du passage du Danube étant effectuée, Napoléon se porte sur Augsbourg, et les troupes bavaroises rentrent dans Munich avec le corps du prince Bernadotte, dont elles faisaient partie.

Pendant que tous les corps de l'armée agissaient ainsi sur la rive droite du Danube, ma division arrivait à Albeck. Je prends cette position le 8, et j'apprends aussitôt que l'armée ennemie, à l'exception de ses corps détachés, occupe devant nous le Michelsburg, près d'Ulm. La circonstance la plus remarquable se présente en ce moment. Napoléon, en pénétrant dans la Bavière, croit que l'archiduc Ferdinand se retire sur les frontières de l'Autriche; et ce prince, placé sur la gauche du Danube, pense que son ennemi est sur la même rive avec ses principales forces. Cette méprise mutuelle va rendre les chances des opérations plus graves et précipiter les événements de la campagne.

J'occupais le Champ d'Albeck depuis deux jours, lorsque je reçois l'ordre de me porter sur Ulm, de bloquer cette place, et de préparer les moyens de l'attaquer de vive force. Les autres divisions du 6ᵉ corps devaient exécuter la même opération sur la rive droite du Danube. Cet ordre était l'effet de l'erreur qui régnait sur la position de l'ennemi, et son exécution était évidemment impossible, puisque des forces dix fois supérieures aux miennes couvraient la place de notre côté. Cette considération ne suspend point le mouvement de ma division, elle marche sur Ulm dans la matinée du 11 octobre.

En arrivant à Haslach, nous voyons l'exactitude de mes reconnaissances pleinement confirmée, et le spectacle le plus imposant se présente à nous. L'armée autrichienne, forte de soixante mille hommes et commandée par l'archiduc en personne, est sous les armes; elle forme ses lignes et se prépare à recevoir la bataille. L'erreur dont j'ai parlé faisait croire à l'ennemi que ma division était l'avant-garde de l'armée française, qui la suivait et allait développer ses forces devant lui. La guerre offre peu d'exemples d'une semblable situation. Aussitôt que l'archiduc s'aperçoit que notre mouvement est suspendu à la vue de son ordre de bataille, il détache de sa position un grand corps d'infanterie et de cavalerie pour nous attaquer. Le moment était pressant. Il fallait choisir sans délibérer entre la retraite et le combat; je me détermine pour ce dernier parti. Nos dispositions furent aussi promptement faites que l'exigeait une telle circonstance. Le 32e régiment de ligne, commandé par le colonel Daricau (1), et le premier régiment de hussards, sous les ordres du colonel Rouvilois, se forment devant Haslach, qui sert de pivot à tous nos mouvements; le 9e régiment d'infanterie légère, commandé par le colonel Meunier (2), et le 96e de ligne, par le colonel Barois (3), se déploient entre ce village et Jungingen; une bri-

---

(1) Depuis lieutenant-général.
(2) Aujourd'hui lieutenant-général.
(3) Aujourd'hui lieutenant-général.

gade de dragons, formée des 15ᵉ et 17ᵉ régiments,
sous les ordres du général Sahuc, est placée en
seconde ligne. Les brigades d'infanterie étaient
commandées par les généraux Rouyer et Marchand (1). En voyant la supériorité de l'ennemi
et la vivacité de son feu, je reconnais que je ne
puis soutenir avec avantage un combat de mous-
queterie, et j'ordonne une charge à la bayon-
nette. Les 9ᵉ et 96ᵉ régiments exécutent cette
attaque avec une brillante audace : son effet est
décisif ; la ligne ennemie est enfoncée, et deux
mille prisonniers de guerre tombent dans nos
mains.

Le courage de nos troupes, exalté par ce succès,
en promettait de nouveaux. Le corps ennemi que
nous avons à combattre nous oppose une grande
supériorité, et il reçoit des renforts qui réparent
successivement ses pertes ; mais, la même manœuvre, employée contre lui dans toutes ses
dispositions, est toujours victorieuse : à peine une
de ses lignes est reformée qu'elle est attaquée à
l'arme blanche, rompue et dispersée. L'infanterie n'a jamais plus agi dans un combat et n'a
moins brûlé de cartouches ; elle n'employait son
feu que pour repousser les charges de la cavalerie ennemie, qui ont toutes échoué contre

---

(1) Aujourd'hui lieutenant-général.

l'intrépidité de nos bataillons. Nous avons repris cinq fois le village de Jungingen, dont la possession était importante. Dans l'impossibilité de faire face partout avec des forces si inférieures, il fallait souvent l'abandonner pour fondre sur les lignes ennemies, et le reprendre de nouveau lorsqu'elles étaient repoussées. Le général Marchand, les colonels Meunier et Barois, et l'adjudant-commandant Duhamel, chef de l'état-major, se sont particulièrement distingués dans ces différentes actions. De son côté, le 32e régiment, secondé par le 1er de hussards, a résisté avec la plus grande fermeté aux attaques dirigées contre Haslach. Après sept heures de combat, nous restons maîtres du champ de bataille : quatre mille prisonniers de guerre, des drapeaux et des canons sont pour nous le prix de la victoire.

Telle a été la journée d'Haslach, dans laquelle une division de cinq mille hommes a triomphé d'un corps de vingt-cinq mille Autrichiens, en présence de toute l'armée ennemie. Mais si l'inégalité du nombre rend ce combat remarquable, les suites qu'il doit avoir lui donneront encore une plus haute importance. Une méprise étonnante va cesser ; instruit par mes rapports, Napoléon apprendra bientôt que l'archiduc ne se retire point sur l'Inn ou sur le Tyrol, mais qu'il est resté sur la rive gauche du Danube, dans

une position d'où il peut donner une face nouvelle aux opérations de la campagne.

Je reçois, dans la nuit qui suit le combat, l'ordre de passer sur la rive droite du fleuve; mais
de nouvelles dispositions me prescrivent de gar-
der sa rive gauche, et je m'établis à Brenz. La
position d'Albeck étant abandonnée, l'archiduc
prend un parti qui va placer de nouveau ma division dans une situation extraordinaire. Il forme
un corps de vingt mille hommes, traverse Albeck,
et se porte sur Nerenstetten, laissant le général
Mack dans la position d'Ulm, avec le reste de
son armée. Pendant qu'il opérait ce mouvement,
je me reportais sur Albeck, d'après les instruc-
tions que j'avais reçues. Arrivé à Languenau, je
vois la marche du corps ennemi, et je sens la
nécessité de reprendre ma position sur la Brenz,
pour couvrir les communications de l'armée par
Gunsbourg. Mais le dessein de l'archiduc n'était
sans doute que de faire une grande reconnais-
sance des lieux environnants, pour s'assurer de
la direction de nos corps d'armée; il revient le
lendemain sur ses pas et marche vers Ulm.

Le même jour, 14 octobre, je me dirigeais de
nouveau sur Albeck : le temps était affreux et les
chemins presque impraticables sous les torrents
de pluie. Je suivais la route de Languenau, et
l'archiduc celle de Nerenstetten. Près d'arriver

au point où ces deux routes se rencontrent devant Albeck, je vois paraître le corps ennemi. Il
fallait à tout prix le devancer, le repousser de la
route d'Albeck, et l'empêcher de faire sa jonction
avec le corps du général Mack à Ulm. Ce grand
intérêt élève le courage dans tous les rangs, et
fait sentir plus vivement le prix de la victoire.
Le 9ᵉ d'infanterie légère précipite sa marche ; il
s'empare de l'embranchement des deux routes,
et prévient les ennemis, qui se hâtaient de leur
côté pour en prendre possession. Le 32ᵉ de ligne
s'y porte avec la même célérité, et le 1ᵉʳ régiment de hussards se forme à sa droite. Pendant
que le combat s'engage sur ce terrain avec la
plus grande vivacité, le 96ᵉ de ligne est assailli
près de Languenau par une nombreuse cavalerie.
Il forme ses carrés, continue sa marche, et c'est
en repoussant plusieurs fois des charges redoutables, que ce brave régiment rejoint la division
sans se laisser entamer, et prend son ordre de
bataille. Après une action de plusieurs heures,
dans laquelle le 32ᵉ soutient les plus grands efforts de l'ennemi, le 9ᵉ léger, placé à sa gauche,
opère, sous le feu le plus vif, un changement de
front, et marche, la baïonnette en avant, sur le
flanc droit de la ligne ennemie. Cette attaque
audacieuse obtient un succès que les autres
corps secondent avec une vive ardeur. L'ennemi

est forcé de se replier; la nuit, qui arrive en ce moment, met fin au combat, et nous restons maîtres du champ de bataille. L'habileté des généraux de brigade et des chefs de corps que j'ai déjà nommés, et l'intrépidité des soldats, affermie par l'exemple des officiers, ont de nouveau triomphé de la supériorité du nombre. Ce succès ferme à l'ennemi le chemin d'Ulm ; le prince Ferdinand et le général Mack se trouvent ainsi séparés et affaiblis par la division de leurs forces, dans le moment le plus décisif de la campagne.

La nouvelle du combat d'Haslach avait produit tout son effet au grand quartier-général. Napoléon sait que l'armée autrichienne est devant Ulm, et il s'avance rapidement sur cette place avec plusieurs de ses corps d'armée. C'est dans la même journée du 14, que le brillant combat d'Elchingen est livré par le 6ᵉ corps, dont ma division faisait partie. Le corps du général Mack se trouve alors investi par l'armée française sur les deux rives du Danube.

Le rapport du combat d'Albeck va porter un nouvel étonnement au quartier-général de Napoléon. On ne pouvait croire que le prince Ferdinand eût quitté la position d'Ulm avec vingt mille hommes, pour se porter sur Nerenstetten, et qu'il fût en personne à la tête du corps que je venais de combattre. On pensait que ce

corps ne se composait que de quelques bataillons isolés. Le prince Berthier m'écrit, par l'ordre
de Napoléon, que je ne dois pas différer de les
attaquer pour les faire prisonniers de guerre ou
les disperser. Cet ordre était un nouvel effet
de la méprise à laquelle avait donné lieu la rapidité des mouvements qui ont suivi le passage
du Danube.

Pendant que je faisais mes dispositions pour
marcher contre ce corps ennemi dans la matinée
du 15, je vois arriver le général Mouton (1),
l'un des aides-de-camp de Napoléon qui l'en-
voyait pour reconnaître l'état réel des choses.
De la hauteur où est situé le château d'Albeck,
je lui montre le camp des ennemis, placé près
du champ de bataille où nous avions combattu
la veille ; il juge leur force telle que je l'ai an-
noncée, et il se hâte d'en rendre compte à Napoléon, dont le quartier-général était à Elchingen.
Mais mon attaque n'est point suspendue, et le
combat recommence contre des forces quatre
fois supérieures. Il durait depuis quelque temps,
lorsque Napoléon, frappé de la position difficile
dans laquelle ma division se trouve placée, fait
marcher rapidement, pour la soutenir, la réserve
de cavalerie et deux divisions d'infanterie, sous

______

(1) Comte de Lobau, lieutenant-général.

les ordres du prince Murat. Aussitôt qu'il est arrivé sur le terrain où l'action est engagée, je l'instruis de mes dispositions; il me confie le commandement et je continue à diriger le combat. La réunion de ces forces fait bientôt sentir au prince Ferdinand la nécessité de la retraite, et il l'opère avec célérité sur Herbrechtingen. A la fin de la journée trois mille prisonniers de guerre étaient en notre pouvoir; je charge le chef de bataillon de Conchy (1), officier distingué de mon état-major, de les conduire au grand quartier - général, et de confirmer l'exactitude de mes rapports sur la séparation de l'armée ennemie en deux corps, l'un sous les ordres immédiats de l'archiduc, et l'autre sous ceux du général Mack.

Le lendemain du combat d'Albeck, Murat marche à la poursuite de l'ennemi. Ma division soutient son corps de cavalerie, et la suit dans ses mouvements avec la même rapidité. A Nereshein, deux mille prisonniers étaient déja tombés entre nos mains. A Nordlingen, le général Werneck, se voyant dans l'impossibilité d'opérer sa retraite, se rend avec six mille hommes. Le nombre des prisonniers de guerre s'accroît chaque jour sur différents points, à la suite des

---

(1) Depuis lieutenant-général.

combats d'arrière-garde que soutient l'ennemi.
Le 20, nous entrons dans Nuremberg. Ma division cesse alors d'appuyer la cavalerie et s'arrête
dans cette ville. Le corps du prince Ferdinand
se trouvait dissous par ses pertes multipliées.

Pendant ces opérations, Napoléon mettait à
profit ses avantages contre le corps du général
Mack et resserrait la place d'Ulm. Ce général
était séparé depuis le 13 de l'archiduc, et le
combat du 14 lui avait enlevé l'espérance de
voir ce prince se réunir à lui. Dans cette situation extrême, il se détermine à livrer la place
d'Ulm et à se rendre, avec son corps, prisonnier
de guerre. Ce dernier résultat de nos opérations
termine la campagne contre l'armée autrichienne.
Un si grand succès élève au plus haut degré la
gloire de l'armée française, mais il n'affaiblit
point les droits du courage en faveur de nos
ennemis. Il est juste de reconnaître que le prince
doué de hautes qualités qui commandait l'armée
autrichienne, n'a cédé qu'à des circonstances
extraordinaires.

Si l'on embrasse d'un coup d'œil l'ensemble
de nos opérations, il sera facile de reconnaître
l'influence du combat d'Haslach et des deux combats d'Albeck sur les résultats de la campagne.
Indépendamment de l'honneur attaché à des succès obtenus sur une immense supériorité de

forces, ils ont eu l'effet d'amener la séparation de l'armée ennemie en deux corps, d'empêcher ensuite leur réunion dans la position d'Ulm, et de livrer les troupes du général Mack à toutes les forces de Napoléon, pendant que le corps du prince Ferdinand cessait d'exister.

Après les événements d'Ulm et d'Albeck, la grande armée se dispose à recueillir les fruits de son triomphe ; elle passe l'Inn et marche sur Vienne. L'armée russe, qui devait faire sa jonction avec celle du prince Ferdinand, se trouvait alors entre l'Enz et l'Inn. Le général Kutusow, qui la commandait, voyant toutes les forces de Napoléon dirigées contre elle, se replie sur l'Enz. Il prend position à Amsteten, et là se donne un combat remarquable. Le général Oudinot (1), à la tête de son corps de grenadiers, y lutte avec gloire contre l'infanterie russe, justement renommée. Après cette action, l'armée ennemie continue sa retraite, passe le Danube à Stein et se couvre de cette barrière contre les rapides mouvements de l'armée française.

Pendant que ces opérations s'exécutaient, un nouveau corps d'armée s'était formé sous les ordres du maréchal Mortier. Sa destination est d'agir sur la gauche du Danube, et ma division

____

(1) Maréchal de France.

en fait partie. De Nuremberg elle s'était rendue à Landshut et de là à Passau, où la division batave, commandée par le général Dumonceau, avait été mise sous mes ordres. Je pars de cette ville le 5 novembre, et je suis la rive gauche du Danube, pour me réunir au maréchal Mortier, qui avait traversé le fleuve à Linz et marchait sur Stein. Ce mouvement donne lieu au combat de Diernstein, l'un des plus remarquables de la guerre par les circonstances qui l'ont accompagné. La noble émulation et le concert de nos divisions n'ont jamais mieux secondé leur courage que dans cette circonstance.

La division Gazan, à la tête de laquelle était le maréchal Mortier, se porte sur Diernstein; elle franchit pour y arriver le défilé que forme entre cette ville et Weissenkirchen le chemin resserré par le Danube et les montagnes qui s'élèvent sur sa rive, et elle se trouve, au-delà de Diernstein, en présence de l'armée ennemie. Le combat le plus violent fait éclater l'admirable fermeté de cette division, les talents militaires de ses chefs, et l'habileté du maréchal qui la dirige. Les Russes éprouvent de grandes pertes, mais leur supériorité leur permet d'employer une manœuvre dont les chances offrent une haute importance et que favorise la nature du terrain. Il détachent un corps de six mille hommes à travers les montagnes qui dérobent son mouvement, pour occuper le défilé de Diernstein; et pendant qu'ils cherchent à fermer à la division française son chemin de retraite, ils redoublent contre elle leurs efforts. C'est dans ce moment que ma division, partie le matin de Marbach, arrive, après une longue et pénible marche, à Veissenkirchen, dans la soirée du 11 novembre. J'ignorais la position du maréchal Mortier, mais je sentais vivement la nécessité de le joindre, pour lier les divisions du corps d'armée.

Le mouvement du corps russe destiné à s'emparer de Diernstein se découvre tout-à-coup. Nous le voyons descendre avec précipitation des hauteurs qui couronnent Veissenkirchen, et se porter dans le défilé pour investir la division qui combat au-delà de Diernstein. La gravité de sa situation nous est alors révélée par la marche et le dessein des ennemis. Le besoin de lui porter un prompt secours anime tous nos rangs et ajoute au désir de vaincre. La guerre n'offre point d'occasions qui puissent mieux enflammer le courage français. Le colonel Meunier marche rapidement à l'ennemi avec son brave régiment, le 9ᵉ léger; l'intrépide 32ᵉ accourt pour le soutenir; le 96ᵉ se porte dans les gorges des montagnes sur notre gauche, et la division batave est placée en réserve.

Les Russes, se voyant surpris dans leur mouvement et attaqués avec tant de vivacité, lorsqu'ils espèrent surprendre et envelopper une de nos divisions, se hâtent de déployer toutes leurs forces. Nos bataillons les pressent en même temps dans le défilé de Diernstein et sur la chaîne des hauteurs, où ils prennent des positions redoutables. Le feu le plus animé s'étend de la rive du Danube jusque sur le sommet de ces monts escarpés, et des charges à la baïonnette s'exécutent partout où le terrain permet d'aborder l'ennemi : mais la fermeté des bataillons russes était égale à l'ardeur de nos régiments; la mêlée la plus audacieuse a plusieurs fois confondu les combattants. La nuit régnait depuis long-temps, et le succès était encore incertain. Cependant nos troupes parviennent à gagner du terrain sur ce champ de bataille si vivement disputé; elles portent enfin des coups décisifs et triomphent de la plus opiniâtre résistance. L'ennemi est repoussé sur tous les points, Diernstein est dégagé et la communication rétablie. La division Gazan opère alors son mouvement vers nous et se forme en seconde ligne. Elle conserve tout l'honneur des glorieux efforts qu'elle a faits dans cette journée, et ma division recueille le plus doux prix de son courage dans la victoire qu'elle vient de remporter.

Les pertes éprouvées par l'armée russe dans ces deux combats, et les mouvements de l'armée française sur les deux rives du Danube, obligent le général Kutusow à opérer promptement sa retraite; il se dirige sur Hollabrunn : le maréchal Mortier entre dans Krems, et de là il suit le mouvement de l'ennemi. Ma division reçoit l'ordre d'occuper Vienne. Victorieuse dans quatre combats, mais affaiblie par les pertes inséparables de ses succès, elle se rend dans la capitale de l'Autriche pour se refaire et maintenir en même temps la sûreté de ce point central de notre ligne d'opérations. Après la victoire d'Austerlitz et le traité de Presbourg, Napoléon, dans son quartier-général de Schœnbrunn, donne à tous les corps que j'ai commandés les éloges dus à la haute valeur qu'ils ont partout déployée, et reconnaît toute l'importance de leurs succès.

Vous voyez, M. le comte, dans le tableau de ces opérations, dont j'ai abrégé les détails, la part que ma division a prise aux événements d'une campagne qui est particulièrement remarquable dans la guerre la plus mémorable des siècles modernes. Vous jugerez, sans doute, que ces faits d'armes méritaient d'être rétablis avec cette fidélité historique que réclament également l'art militaire et l'honneur des troupes. Je n'ai eu pour objet que d'assurer la gloire des braves qui ont combattu sous mes ordres ; et s'il est pour moi quelque chose de personnel dans leurs belles actions, c'est la confiance qu'ils m'inspiraient et qui m'a permis de tout entreprendre.

Recevez, M. le comte, l'assurance de ma haute considération.

Signé Le comte DUPONT.

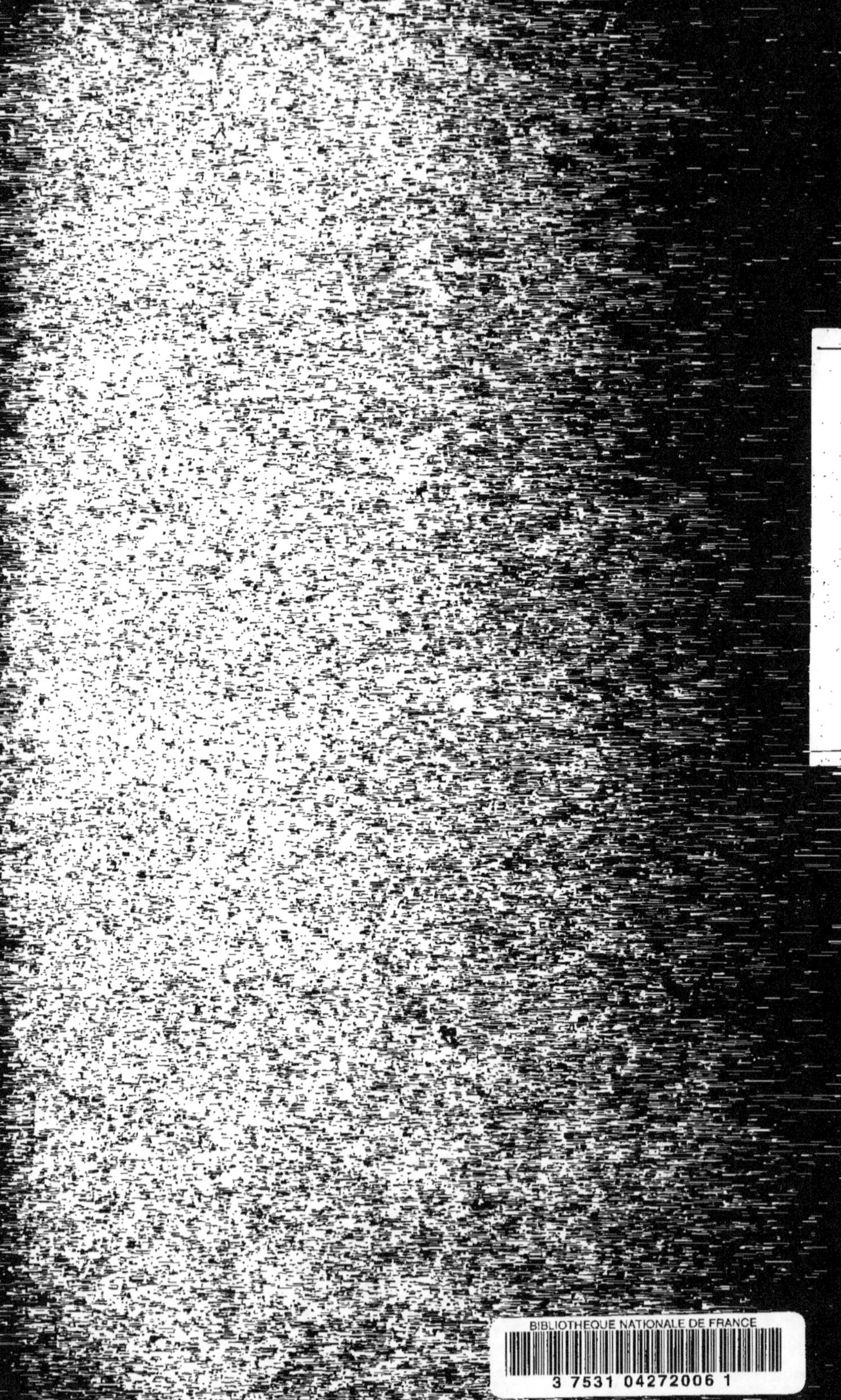
BIBLIOTHEQUE NATIONALE DE FRANCE
3 7531 04272006 1

www.ingramcontent.com/pod-product-compliance
Lightning Source LLC
Chambersburg PA
CBHW071430030726
47594CB00006B/2660